Elke & Norbert Huber

Weihnachtliche Fenster-Deko

Aus Wellpappe & Draht

CREATIV COMPACT

CHRISTOPHORUS

Inhalt

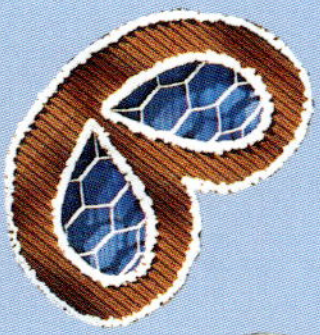

Weihnachtliche Draht-Motive

Bald ist Weihnachten. Im Haus duftet es schon nach selbst gebackenen Lebkuchen und anderen Leckereien. Fenster und Türen werden mit weihnachtlichen Draht-Motiven festlich geschmückt: Ein lieber Nikolaus trägt einen Sack voller Geschenke über der Schulter, ein niedlicher Engel backt fleißig Plätzchen. Ein grüner Kranz mit einer großen Schleife, eine dicke Kerze mit Tannenzweigen, zwei Nikolausstrümpfe und ein schneebedecktes Häuschen zaubern Weihnachtsstimmung für die ganze Familie. Und wenn der erste Schnee fällt, erfreuen Eisbär, Pinguin und ein fröhlicher Schneemann Groß und Klein.

Die Motive in diesem Buch sind alle aus Wellpappe, Tonkarton und farbigem Gitterdraht leicht gemacht. Sie eignen sich als Fensterbilder, Türschmuck, Anhänger oder Stecker.

Wir wünschen allen eine schöne Weihnachtszeit und viel Spaß beim Basteln und Dekorieren.

Norbert Huber

Elke Huber

Material & Technik

Material

Wellpappe, 3D-Wellpappe, Tonkarton, Fotokarton mit Prägedekor und Velourspapier. Gitterdraht, auch Maschendraht genannt, gibt es als besprühten Metallicdraht oder plastikummantelt in verschiedenen Farben im Hobbyfachhandel oder Baumärkten. Zur Ausgestaltung der Motive benötigen Sie Pluster-Pens, Hologramm-Flitter, Deko-Bänder, Perlen, Deko-Sterne und Bast.

Hilfsmittel

Transparentpapier und Kohlepapier zum Übertragen der Vorlagen, Bleistift, Radiergummi, gerade und gebogene Scheren, Cutter, Schneideunterlage, Seitenschneider, schwarzen Filzstift, Heißkleber.

1 Das Motiv aussuchen, Transparentpapier auf den Vorlagebogen legen und mit einem weichen Bleistift alle Einzelteile ohne Überschneidungen übertragen.

2 Die Motive doppelt zuschneiden, dabei die Rückseite des Motivs seitenverkehrt ausschneiden: Das Transparentpapier mit dem Einzelmotiv auf den entsprechenden Karton legen und mit Kohlepapier das Motiv übertragen. Für die Motivrückseite das Transparentpapier wenden und somit seitenverkehrt alle Einzelteile nochmals übertragen. Alle Teile ausschneiden. Mit dem Cutter die Innenbereiche ausschneiden.

3 Die Gesichter und Konturen mit einem Filzstift oder Pluster-Pen aufmalen. Die aufgetragene Plusterfarbe etwa 6 Stunden trocknen lassen. Danach die Farbe mit einem Föhn aufplustern.

4 Die Einzelteile für die Motiv-Vorderseite entsprechend der Vorlage zusammenfügen.

5 Das Wellpapp-Motiv mit der welligen Seite nach unten auf die Arbeitsfläche legen, den Gitterdraht auf das Motiv legen und mithilfe einer Drahtzange (Seitenschneider) mit etwa 0,5 bis 1 cm Überstand zuschneiden. Falls der Draht wellig oder verknickt ist, vorher gerade formen.

6 Draht auf den ausgesparten Bereich legen und mit Heißkleber fixieren, damit er beim Zusammenkleben nicht verruscht. Anschließend die andere Seite vom Wellpapp-Motiv deckungsgleich mit Heißkleber befestigen.

7 Die fertigen Motive mit Dekomaterialien, wie Deko-Sterne, Bast, Schleifen oder Perlen, verzieren.

8 Die Fensterbilder mit doppelseitigem Klebeband am Fenster befestigen oder mit einem Faden oder Bast aufhängen. Den Raum- und Türschmuck an Bastfäden oder Bändern befestigen.

Hinweis

Die einfachen Motive nach der Grundanleitung anfertigen. Sie sind nicht mit einem extra Anleitungstext versehen. Alle Motiveinzelteile auf der Vorlage zusammenlegen und dann dem Foto und der Vorlage entsprechend ausarbeiten. Die Tipps in der Materialspalte beachten.

Fröhlicher Schneemann

Material

- Wellpappe in Weiß, Blau, Braun, Silber
- 3D-Wellpappe in Weiß, Gelb
- Regenbogenkarton in Gelb/Orange
- Tonkarton in Weiß, Orange, Blau, Schwarz
- Tonkarton in Grün mit weißen Punkten
- Gitterdraht in Weiß, Gelb
- Pluster-Pen in Schwarz

Vorlage A

Nach der Grundanleitung auf Seite 4/5 die Einzelteile zuschneiden. Zuerst den Schneemann zusammensetzen. Danach rechts und links den blauen Zaun ankleben und den Schneemann mit dem Zaun in den Schnee stellen. Die Plusterfarbe vor dem Aufplustern etwa 6 Stunden trocknen lassen.

Pinguin & Eisbär

Abbildung & Materialangaben Seite 8/9

Nach der Grundanleitung auf Seite 4/5 die Einzelteile für beide Tiere anfertigen und zusammensetzen, dabei beim Pinguin zuerst das Auge und den Schnabel arbeiten. Das vordere und hintere Bein am Bauch ankleben. Das schwarze Körperteil befestigen und die Flügel anbringen. Den Schal aufkleben. Die Plusterfarbe etwa 6 Stunden trocknen lassen und dann mit dem Föhn aufplustern.

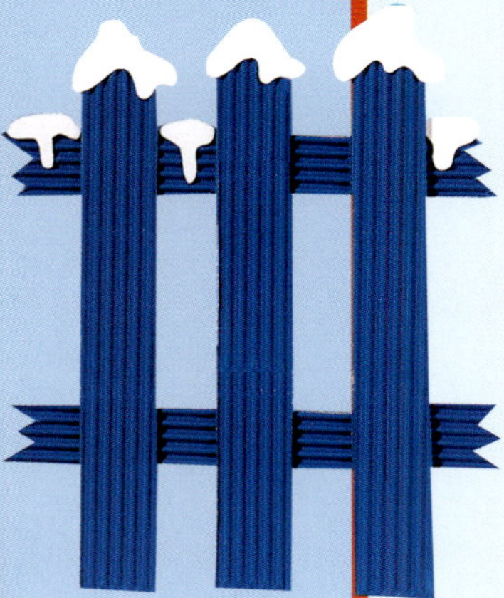

Pinguin & Eisbär

Material

- 3D-Wellpappe in Weiß, Schwarz
- Tonkarton in Weiß, Schwarz
- Tonkarton in Rot mit weißen Punkten
- Tonkarton in Blau mit weißen Punkten
- Regenbogenkarton in Gelb/Orange
- Gitterdraht in Weiß
- Pluster Pen in Rot, Blau, Schwarz
- Stift in Schwarz

Vorlagen B1, B2

Anleitung Seite 6

Nikolaus & Schneemann

Material

- Wellpappe in Weiß, Braun, Gold
- Wellpappe in Rot mit goldenen Sternen
- Tonkarton in Weiß, Orange, Rot, Hellbraun, Braun, Schwarz
- Fotokarton mit Prägedekor „Milano“ in Blau
- Velourspapier in Weiß
- Gitterdraht in Metallic-Rot, Weiß
- Pluster-Pen in Gelb, Orange, Blau, Braun, Schwarz
- Feenhaar in Weiß
- Perlen in Dunkelgrau, 8 mm ∅
- Stift in Schwarz

Vorlagen C1, C2

Grundanleitung Seite 4/5

Für den Bart das Feenhaar mit Heißkleber auf dem weißen Tonkarton befestigen. Die Plusterfarbe vor dem Aufplustern etwa 6 Stunden trocknen lassen.

Weihnachts-geschenke

Material

- Wellpappe in Braun, Schwarz
- Wellpappe in Rot mit goldenen Sternen
- 3D-Wellpappe in Weiß, Rot
- Tonkarton in Weiß, Hautfarbe, Gelb, Rot, Blau, Hell- und Dunkelgrün, Mittelbraun, Gold
- Tonkarton in Rot mit weißen Punkten
- Fotokarton mit Prägedekor „Milano“ in Gelb, Rot, Blau
- Velourspapier in Weiß
- Gitterdraht in Silber, Metallic-Rot
- Pluster-Pen in Schwarz
- Filzstift in Schwarz

Vorlagen D1, D2

Grundanleitung Seite 4/5

Die Plusterfarbe nach dem Auftragen etwa 6 Stunden trocknen lassen, dann mit dem Föhn aufplustern.

Nikolaustag

Material

- Wellpappe in Rot, Grün, Blau, Gold
- 3D-Wellpappe in Braun
- Tonkarton in Weiß, Hautfarbe, Gelb, Blau, Braun, Schwarz
- Fotokarton mit Prägedekor „Milano" in Gelb, Blau
- Velourspapier in Weiß
- Gitterdraht in Metallic-Rot, Metallic-Blau
- Feenhaar in Weiß
- Pluster-Pen in Schwarz
- Filzstift in Schwarz
- Satinband in Rot, 3 mm breit
- Golddraht, je 5 cm für die Aufhänger

Vorlagen E1 – E4

Anleitung Seite 16

Die Plusterfarbe nach dem Auftragen etwa 6 Stunden trocknen lassen, dann mit dem Föhn aufplustern.

Festlicher Kranz

Material

- 3D-Wellpappe in Grün
- Tonkarton in Weiß, Rot, Blau, Mittelbraun, Dunkelbraun, Schwarz
- Gitterdraht in Metallic-Rot, Metallic-Grün
- Bast in Natur
- Satinband in Rot, 3 mm breit
- Weihnachts-Dekoband, 3 cm breit, 30 cm lang
- Pluster-Pen in Weiß, Blau, Schwarz
- Glitter-Pen in Gold
- Hologramm-Flitter in Silber
- Golddraht

Vorlagen F1 – F6

Nach der Grundanleitung auf Seite 4/5 die Einzelteile anfertigen. Zuerst die beiden Tannenkreise (Vorlagen F1, F2) arbeiten, den Draht befestigen, die Schleifen anbringen. Danach die einzelnen Dekorationen (Vorlagen F3 – F6) arbeiten, bemalen und aufkleben. Die Plusterfarbe nach dem Aufmalen etwa 6 Stunden trocknen lassen und dann aufplustern. Einen Aufhänger aus Golddraht mit Heißkleber auf der Rückseite des Kranzes befestigen.

Nikolaustag

Abbildung und Materialangaben Seite 14/15

Nach der Grundanleitung auf Seite 4/5 die Motiveinzelteile zuschneiden. Bei dem Weihnachtsmann für den Bart das Engelshaar mit Heißkleber auf den Tonkarton kleben. Zuerst den Kopf und die Mütze fertig stellen, danach den Körper arbeiten. Den Kopf am Körper befestigen und den Sack aufkleben. Den Arm und die Füße anbringen. Den Draht fixieren und die Rückseite vom Motiv deckungsgleich aufkleben. Die aufgetragene Plusterfarbe etwa 6 Stunden trocknen lassen, dann aufplustern.

Für den Baumschmuck den Golddraht für die Aufhänger um einen Stift wickeln und den Draht zusammendrehen. Den Aufhänger zwischen die Vorder- und Rückseite der Wellpappe kleben.

Weihnachts-fenster

Material

- Wellpappe in Blau, Silber, Gold
- Tonkarton in Weiß, Rot, Grün, Blau
- Velourspapier in Weiß
- Gitterdraht in Metallic-Blau, Metallic-Rot, Metallic-Grün, Silber
- Deko-Sterne in Blau, 1,7 cm ∅
- Deko-Sterne in Gold, 4 mm ∅
- Weihnachts-Dekoband, 2,5 cm breit, 15 cm lang
- Golddraht, je 5 cm lang für die Aufhänger

Vorlagen G1 – G6

Grundanleitung Seite 4/5

Den Golddraht für die Aufhänger vom Christbaumschmuck um einen Stift wickeln und den Draht zusammendrehen. Den Aufhänger zwischen die Vorder- und Rückseite der Pappe kleben.

Weihnachts-bäckerei

Material

- Wellpappe in Natur, Weiß, Braun, Grün
- Tonkarton in Weiß, Hautfarbe, Gelb, Grün, Braun, Gold
- Tonkarton in Blau mit weißen Punkten
- Fotokarton mit Prägedekor „Milano" in Blau
- Gitterdraht in Weiß, Silber, Gold
- Pluster-Pen in Weiß, Hautfarbe, Gelb
- Glitter-Pen in Gold
- Stift in Hellrot, Schwarz

Vorlagen H1, H2

Anleitung Seite 22

Die Plusterfrarbe nach dem Auftragen etwa 6 Stunden trocknen lassen, dann mit dem Föhn aufplustern.

Material

- 3D-Wellpappe in Grün
- Wellpappe in Natur, Braun
- Tonkarton in Rot
- Gitterdraht in Weiß, Kupfer
- Pluster-Pen in Weiß
- Satinband in Rot, 3 mm breit

Vorlagen J1 – J8

Leckere Lebkuchen

Nach der Grundanleitung auf Seite 4/5 die Motiveinzelteile zuschneiden und zusammensetzen. Das Satinband zwischen Vorder- und Rückseite der einzelnen Motive kleben. Die Plusterfarbe vor dem Aufplustern etwa 6 Stunden trocknen lassen.

Weihnachtsbäckerei

Abbildung & Materialangaben Seite 20/21

Nach der Grundanleitung auf Seite 4/5 die Einzelteile zuschneiden. Für den Engel zuerst den Kopf fertig stellen. Danach den Draht an der Schürze befestigen und diese auf das Kleid kleben. Die Engelflügel hinter das Kleid kleben. Den Engel hinter die Arbeitsplatte stellen und den Teig auf die Platte legen. Dann die Arme anbringen, die Teigrolle aufkleben und die Hände rechts und links platzieren. Die Teigschüssel und das Mehl auf der Arbeitsplatte anbringen und die Einzelheiten ausarbeiten. Den Draht fixieren und die Rückseite vom Motiv deckungsgleich aufkleben.

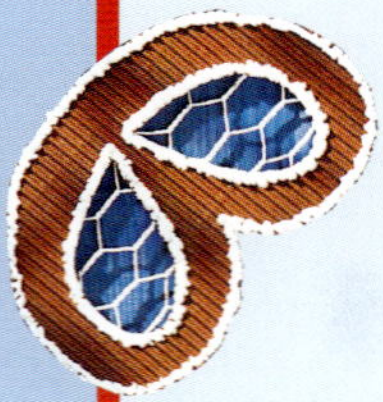

Geschmückte Türen

Material

- Wellpappe in Blau, Grün, Braun, Gold
- Wellpappe in Rot mit goldenen Sternen
- 3D-Wellpappe in Grün
- Tonkarton in Weiß, Gelb, Hellrot, Rot, Grün, Braun, Gold
- Velourspapier in Weiß
- Gitterdraht in Silber
- Deko-Sterne in Gold, 1 cm Ø, 3 mm Ø
- Satinband in Rot, 3 mm breit
- Buchsgirlande in Grün/Gold
- Glitter-Pen in Gold
- Stift in Schwarz

Vorlagen K1, K2

Grundanleitung Seite 4/5

Die Farbe vom Glitter-Pen mit einem Pinsel auf die kleine Tanne malen.

Merry-X-Mas

Material

- Wellpappe in Rot, Blau
- Wellpappe in Rot mit goldenen Sternen
- 3D-Wellpappe in Weiß, Grün
- Tonkarton in Weiß, Hautfarbe, Hellgelb, Dunkelgelb, Rot, Braun, Grau, Schwarz, Gold
- Velourspapier in Weiß
- Gitterdraht in Weiß, Metallic-Blau, Metallic-Rot
- Stift in Schwarz

Vorlagen L1, L2

Grundanleitung Seite 4/5

Zuerst das Schild anfertigen, den Körper vom Nikolaus dahinter befestigen. Die Hände und den Fellbesatz von der Jacke ankleben. Dann den Kopf fertig stellen und an dem Körper befestigen.

MERRY X MAS

Engelchen & Stern

Material

- Wellpappe in Rot, Gold
- Wellpappe in Rot mit goldenen Sternen
- Tonkarton in Weiß, Hautfarbe, Rot, Grün, Hellbraun, Dunkelbraun, Schwarz
- Gitterdraht in Metallic-Rot, Gold
- Deko-Schnee
- Stift in Schwarz
- Klebestift

Vorlagen M1, M2

Grundanleitung Seite 4/5

Die Engelflügel aus weißem Tonkarton schneiden, mit Kleber bestreichen und in Deko-Schnee drücken, damit die Schneeflocken anhaften.

Nikolaus-strümpfe

Material

- Wellpappe in Blau mit goldenen Sternen
- Wellpappe in Rot mit goldenen Sternen
- Tonkarton in Gold
- Gitterdraht in Rot, Blau
- Glitter-Pen in Gold

Vorlage N

Grundanleitung Seite 4/5

Impressum

ISBN 3-419-56525-9

Lektorat:
Gisa Windhüfel, Freiburg

Styling und Fotos:
Christoph Schmotz, Freiburg

Layoutentwurf:
Network!, München

Gesamtproduktion:
smp, Freiburg

Satz:
Gisa Bonfig, Freiburg

Druck:
Freiburger Graphische Betriebe

Wir sind für Sie da, wenn Sie Fragen haben.
Und wir interessieren uns für Ihre eigenen Ideen und Anregungen.
Schreiben Sie uns, wir hören gern von Ihnen!
Ihr Christophorus-Team

Christophorus-Verlag GmbH
Hermann-Herder-Str. 4
79104 Freiburg
Tel.: 0761/2717-0
Fax: 0761/2717-352
e-mail:
info@christophorus-verlag.de

www.christophorus-verlag.de

Weitere Titel aus dieser Reihe

3-419-56549-6

3-419-56454-6

3-419-56314-0

3-419-56453-8

3-419-56316-7

3-419-56272-1